MI HISTORIA COMO

Jugador

Destacados Y Recuerdos

Mi Nombre:

Mi Inicio De Sesión:

Mi Contraseña:

Mi Tecnología Actual:

Mi Juego Favorito:

Mi etiqueta de jugador:

Mis amigos etiquetas de jugador:

Mi objetivo de juego:

Mi primer juego que jugué fue...

Mis recuerdos de jugar a este juego:

Mi diseño de ultimate game sería...

Mi mejor victoria fue..

Mi juego favorito al que he jugado es..

Mi historia tecnológica:

Mi memoria de juego definitiva:

Notas y recuerdos...

Libro de registro de jugadores

Ganar  Resultado

Notas y recuerdos...

Libro de registro de jugadores

Ganar  Resultado

Notas y recuerdos...

Libro de registro de jugadores

Ganar　Resultado

Notas y recuerdos...

Libro de registro de jugadores

Ganar  Resultado

Ganar	Resultado

Notas y recuerdos...

Libro de registro de jugadores

Ganar   Resultado

Notas y recuerdos...

Libro de registro de jugadores

Ganar  Resultado

Notas y recuerdos...

Libro de registro de jugadores

Ganar  Resultado

Notas y recuerdos...

Libro de registro de jugadores

Ganar	Resultado

Notas y recuerdos...

Libro de registro de jugadores

Ganar  Resultado

Ganar	Resultado

Notas y recuerdos...

Libro de registro de jugadores

Ganar	Resultado

Notas y recuerdos...

Libro de registro de jugadores

Ganar	Resultado

Notas y recuerdos...

Libro de registro de jugadores

Ganar  Resultado